SACHA GUITRY

LES FEMMES ET L'AMOUR

suivi de

ELLES ET TOI ET TOUTES RÉFLEXIONS FAITES

« Cette œuvre me transperce le cœur d'une flamme [illegible] pointe... » (Léo)

PRESSES POCKET

© *Les Femmes et l'amour*, Le Livre Contemporain, 1959.
© *Elles et toi*, Raoul Solar éditeur, 1947.
© *Toutes réflexions faites*, Éditions de l'Elan, 1946.
© Librairie Académique Perrin pour la présente édition.

ISBN 2-266 -01580-X

SACHA GUITRY
évoqué par son secrétaire (1)

Il est à son bureau, sitôt levé. De sa belle voix suave il commente sa soirée d'hier devant la télévision :

— Bernard Dhéran, dans *le Menteur*, était criant de vérité ! Quant à sa partenaire, Hélène Machin-Chose, on jurerait ma foi qu'elle s'est fait un manteau de tous les lapins qu'on lui aura posés. A part cela, elle est superbe ! J'aurais quatre-vingts ans, j'en serais amoureux !

La journée commence bien.

— Avez-vous entendu ce malheureux Passeur nous raconter sa pièce ! Comment peut-il ainsi s'intéresser lui-même à ce que disent ses personnages !

Et deux de descendus sur trois ! Après un temps, devant la feuille blanche qu'il me désigne d'une main largement ouverte :

(1) Dès l'âge de vingt-trois ans, M. Stéphane Prince devint, à la demande de Sacha Guitry, son secrétaire particulier et le demeura jusqu'à sa mort. Appartenant aujourd'hui aux éditions Plon, il a bien voulu nous confier cette éblouissante et bien trop courte évocation de son « bon maître » disparu — témoignage à nos yeux d'une fidélité de pensée assez exceptionnelle de la part d'un homme bien peu prolixe d'ordinaire et « réservé » sur ce chapitre. (Note de l'éditeur.)

— Allez donc exposer sur du papier couché un raisonnement qui tienne debout ! (...) J'ai tenté cette nuit de poursuivre ma lecture du dernier Mauriac. Quel ouvrage ennuyeux ! Sa couverture même en bâille ! Il aurait dû intituler ça « Comme la pluie ».

Et de trois. Il mène toujours. Et de poursuivre de plus belle :

— Me Floriot s'enorgueillit d'avoir à son tableau de chasse quelques dizaines d'éléphants. Curieuse façon à lui de prendre leurs défenses.

Dans la conversation, plus tard :

— Avant 1910, Bernstein disait de moi : « Je fonde décidément sur ce jeune homme le plus grand des espoirs » ! (...) Dites-vous, mon enfant, qu'en ce temps-là, béni, il y avait Max Dearly qui jouait aussi bien au Gymnase qu'à l'Ambigu et Mme Tralala qui chantait aussi mal à l'Opéra qu'ailleurs !

Une hécatombe matinale. Irai-je noter tout ça ? Inutile, c'est gravé dans ma tête — même après tant d'années — la preuve.

— Vous apparaissez, petit Prince, à l'instant même où j'ai besoin de vous. Comme l'a si bien dit Mahomet, « nul n'est prophète en son pays » — mais je ne suis tout de même pas éloigné de croire que vous obtiendriez le premier prix à un concours de circonstances !

Au hasard de la mémoire, je retrouve des phrases, des anecdotes, des répliques, propos légers ou plus sages qu'ils ne le paraissent (2). C'était une merveilleuse complicité entre nous — et de presque tous les instants. Plusieurs de

(2) Certaines de ces réflexions agrémentèrent en 1966 le programme du Palais-Royal lors d'une reprise de *Désiré*.

2

mes lettres retrouvées d'alors en témoignent éloquemment, que je vais peut-être bientôt livrer à la publicité. Il me disait en souriant :

— Je crois que j'ai fini par acquérir presque autant de talent qu'on m'en a reconnu !

Et, songeur :

— Le bien qu'on fait aux autres vous attache à eux — et c'est, en vérité, dommage, car c'est précisément cela qui les détache de vous !

Mais, mieux encore :

— En fait, je n'ai qu'une prétention, c'est de ne pas plaire à tout le monde. Plaire à tout le monde, c'est plaire à n'importe qui.

Evoquant des heures pénibles, il concluait :

— A peine ai-je franchi le seuil de la prison que mon opinion, aussi, était arrêtée.

Un jour, il murmura :

— Médiocres écrivains, quand vous prenez la plume, à qui la prenez-vous ?

Il constatait, morose :

— L'ennui porte conseil.

Et aussi :

— Peu de personnes savent supporter leur propre notoriété, leur gloire. Et ceux qui prennent une attitude à ce sujet paraissent avoir usurpé la place qu'ils occupent.

Il prévenait :

— On a la mauvaise habitude de croire qu'un homme qu'on dérange est distrait — non, il était occupé à autre chose. C'est vous qui le rendez distrait en le distrayant de l'objet qui l'occupe. Phrase affreuse, menace : « J'irai vous voir ce soir pour vous distraire un peu. » Mais non, ne venez pas, je ne veux pas être distrait !

Il était difficile, inabordable, intransigeant. Et chacun en prenait pour son grade ou son rang. Il n'épargnait personne. Et sa philosophie était réjouissante. Il s'indignait souvent, mais ses conclusions remplissaient d'aise. En voici quelques-unes :

— C'est une grue. Elle trompe le demi-monde avec l'autre moitié.

« Entretien capital — sans aucun intérêt.

« Dieu merci ! J'ai encore les moyens de faire des dettes !

« Quand il s'agit de ne rien faire, il n'a pas une minute à perdre.

« Elle croit m'épater en ne dormant que cinq heures par nuit — moi qui ne dors que trois heures par jour !

« Il faut parler de soi sans trop en avoir l'air : tirer son épingle du Je.

« Il hurlait comme un sourd : — Je veux mener ma vie comme je l'entends !

« Tu m'as déjà menti ?
— Non.
— Tu mens !

« Gendarmes au Palais-Bourbon. C'est en vertu d'une ordonnance qui leur prescrit de garder la Chambre.

« Le réveil démolit si le sommeil répare. »

Devant les comptes de la cuisinière :

— Voici plutôt un livre de dépenses qu'un livre de recettes.

En parcourant une revue :

« Je ne parviens guère à saisir sous quel mobile agit Calder. »

Enfin, ironiquement catégorique :

« Il faut rendre à Pagnol ce qu'on doit à *César !* »

**
*

De temps à autre, quelqu'un de ses amis m'appelle pour m'en parler encore. Ils ont l'air d'attendre que je leur délivre un message — comme un peu de sa part. Après avoir parlé pour lui durant des années, j'ai l'impression de faire du rabe ! Mais cela me serre le cœur. Hélas, il faut vivre sans lui... Et maintenant, il appartient à tout le monde. Comme il leur manque, à ses fidèles ou ses admirateurs innombrables ! C'étaient hier Marcel Jouhandeau, Jean Dutourd, Alfred Frabe-Luce, Edgar Faure ou Julien Green, c'est aujourd'hui Raymond Pellegrin, Guy Tréjan, Maurice Teynac, Pierre-Jean Vaillard... Mais comme ils vont être heureux de le retrouver dans ces deux recueils de pensées — devenus introuvables — que l'on a eu la bonne idée de rééditer en format de poche, et qui nous restituent à merveille ce très sémillant centenaire. Une délectation.

A cette occasion, on m'a fait l'honneur de me demander quelques mots de présentation. Mais Sacha Guitry ne se présente pas, messieurs, il s'annonce.

Un soir qu'il m'avait gentiment rabroué à propos de je ne sais plus quelle vétille au tout début de mes fonctions chez lui, tandis que je m'éloignais légèrement froissé, il me rattrapa dans l'escalier pour m'embrasser et je l'entends encore, trente ans plus tard, me lancer, du palier, cette boutade tout à fait propre à ouvrir ce volume sur un ultime clin d'œil posthume :

— Ne m'en veuillez pas trop ! Vous savez, cher petit, vous apprendrez à me connaître... Je suis tout bêtement un type dans le genre de Pascal : je dis parfois des choses qui dépassent mes pensées !

Stéphane PRINCE.

SOMMAIRE

MON PORTRAIT

A plusieurs reprises déjà, depuis quinze ou vingt ans, je m'étais demandé si le moment n'était pas venu de faire mon portrait — non point tant par orgueil qu'animé du désir d'en faire un ressemblant qu'on pourrait opposer à tant de caricatures malveillantes ou maladroites dont j'ai eu connaissance et qui m'ont fort désobligé.

Ce portrait de moi-même, esquissé naguère, je l'avais repris trois fois sans pouvoir l'achever.

J'en ai précisément sous les yeux les ébauches. Elles ne manquent pas de qualités, mais elles sont un peu narquoises et par instants superficielles.

Elles témoignent en vérité de mon indifférence à mon égard et du mépris que j'ai pour l'opinion d'autrui.

Je ne me suis pas guéri de cette indifférence, et ce mépris s'est affirmé jusqu'à devenir chronique désormais — mais l'inaction qui m'est imposée depuis un an bientôt était propice à la réflexion qui

11

conduit inéluctablement à la connaissance approfondie de soi.

En outre, ayant été le plus favorisé des hommes — et cela pendant quarante années consécutives — il se pourrait fort bien qu'une telle aventure ait eu pourtant sa raison d'être — soit qu'elle ait modifié mon point de vue en m'apportant des éléments nouveaux d'observation — soit qu'elle m'ait ancré davantage encore dans mes convictions.

Cette aventure est-elle ce « revers de la médaille » que nous prédisent volontiers tous les déshérités qui restent convaincus que tout revers a sa médaille ?

Est-elle ce « juste retour des choses d'ici-bas » — dont ne bénéficient jamais assez les malheureux ?

Non. Je croirais plutôt qu'elle est le parachèvement logique d'une existence exceptionnelle qui se devait à elle-même d'être paradoxale jusqu'au bout.

Je peux dire à présent que j'aurai tout connu.

Or donc, croqué ce 15 avril de l'an 1945 — an de disgrâce s'il en fût, quant à moi-même — voici mon portrait sans retouches.

*
**

Je jouis d'une prestance physique qui porte sur les nerfs à la plupart des gens — mais qui me rend bien des services, d'autre part.

Ma démarche, mes gestes, et, plus encore, ma voix contribuent à me faire aimer par les uns et à me faire détester par les autres. Car je suis détesté par beaucoup de personnes — et je m'en rends bien compte.

Si j'en parle aujourd'hui fort délibérément, c'est bien pour la raison que je n'en souffre plus.

Mais que j'en ai souffert !

Je l'avoue à ma honte.
Et j'en reparlerai.

Contrairement à ce qu'on pourrait croire, je n'ai jamais été satisfait de mon physique. Je le trouve excessif. Et je n'ai que faire de ma force qui est herculéenne — et qui ne m'a jamais servi à rien.

Je me demande pourquoi j'ai des biceps de lutteur !

A vingt ans, je me trouvais trop gros, mais je ne faisais rien pour maigrir. Plus tard, je me suis trouvé quelconque, et j'ai toujours évité de me regarder dans les glaces — hormis pour me maquiller, bien entendu — et là, précisément, bien heureux de pouvoir me corriger un peu.

D'ailleurs, en vérité, je n'aime pas qu'on me regarde — alors que j'ai passé ma vie à me montrer !

Même au théâtre, j'ai l'espoir qu'on m'écoute — en regardant mes partenaires.

Les photographies qu'on a faites de moi en témoignent d'ailleurs. Je pose sans plaisir, en ne sachant jamais quelle contenance prendre.

Cela tient à ce que les traits de mon visage m'ont été imposés et qu'ils se trouvent en désaccord avec mon caractère, mes sentiments et mes pensées, toutes choses qui, elles, me sont propres.

Je serais différent si j'avais pu me faire — comme, moralement, je me suis fait.

Et toute lutte est vaine à cet égard, d'ailleurs. Je suis l'esclave d'un physique prépondérant — et, de même que, « à la scène », il me serait impossible de feindre avec succès l'humilité ou la réserve, j'ai dû dès longtemps renoncer à passer pour simple « à la ville ».

Quand je me suis vu à l'écran, j'ai tout de suite compris pourquoi j'étais antipathique à tant de gens.

J'ai je ne sais quoi de péremptoire et je dirai même d'infaillible propre à me rendre assez odieux. Mes traits sont empâtés, mon regard est imprécis, je n'ai rien qui soit apparemment spirituel — et, à n'en pas douter, j'étais fait pour jouer les grands premiers rôles de drame. Je ne dis pas pour les jouer bien — mais pour les jouer, certainement.

Je l'ai fait quelquefois, jamais avec plaisir — hanté par la pensée que j'imitais mon père.

***

Je dois ajouter que je ne me suis d'ailleurs jamais considéré comme un acteur, n'ayant interprété que mes propres ouvrages. Et, parfois même, il m'est arrivé de me dire, saluant le public en fin de soirée :

— Veux-tu saluer en auteur, je te prie, et sans sourire, car c'est ta pièce en ce moment qu'on applaudit, ce n'est pas toi.

Les auteurs ont toujours envié leurs interprètes — et je n'échappe pas à la règle commune.

**
*

Mais — abordons le caractère.

Aux yeux des gens, mes deux plus grands défauts sont l'égoïsme et la vanité.

Suis-je égoïste ?

Oui, comme tout le monde — mais pas plus. Peut-être moins que beaucoup d'autres — mais cela doit se voir davantage chez un homme de mon espèce : un homme heureux.

On trouve naturel qu'un homme malheureux ne s'occupe que de soi — tandis qu'un homme heureux passera pour un monstre s'il ne s'occupe pas exclusivement des autres — les gens restant d'ailleurs convaincus qu'il n'est heureux que parce qu'il s'occupe exclusivement de lui.

Et rien n'y fait — rien n'y fera.

A-t-il un joli geste — c'est pour se faire pardonner !

Donne-t-il un peu d'argent — il aurait pu en donner plus !

En donne-t-il beaucoup — hein, faut-il qu'il en ait !

*
* *

Car je suis de ces hommes à qui l'on ne pardonne rien.

On ne me pardonne même pas les malheurs qui me sont arrivés — car on est convaincu qu'aucun n'a pu m'atteindre, et qu'il n'y en a pas dont je n'aie tiré quelque profit — ce qui est vrai, d'ailleurs.

Mes maladies, mes fours, mes infortunes conjugales, les calomnies dont je suis abreuvé depuis plus de trente ans, tout cela m'est reproché comme autant d'avantages du fait que mon travail ne s'en ressent jamais.

On ne me pardonne pas d'être le fils d'un homme incomparable — auquel il faut pourtant, bon gré mal gré, qu'on me compare, car je le renouvelle et je le continue — le talent mis à part. Même physique et même voix — et même façon d'être, héréditaire aussi. Même orgueil apparent, même dédain railleur des règles établies, même insolence quand il faut et même liberté conquise et conservée — conservée à tout prix — jusque dans la prison où je payais aussi ses quarante ans à lui de royauté sur le Théâtre.

Deux Guitry, c'est beaucoup — pour les ratés, c'est trop. C'est trop, c'est encombrant — et ça n'en finit plus !

Et je règle aujourd'hui les dettes de mon père en acquittant les miennes.

Les femmes ne me pardonnent pas de m'être marié quatre fois — les hommes ne me pardonnent pas d'avoir quatre fois divorcé.

Et l'on verra que ceux qui m'ont fait arrêter, s'apercevant de la sottise qu'ils ont faite, ne me le pardonneront pas de sitôt.

Suis-je vaniteux ?

Moi, je prétends que non, car je me connais bien.

Aucune de mes pièces ne me satisfait complète-ment — et quant à la situation que j'occupe, n'ayant rien fait jamais pour y parvenir, elle me surprend bien plus qu'elle ne comble mes vœux. Je n'ai sollicité ni la Légion d'honneur, ni l'académie Goncourt, ni quelque fauteuil présidentiel que ce soit. Je n'ai proposé de pièces de moi à aucun directeur depuis plus de trente ans — je n'ai jamais demandé que l'on m'interviewât, je n'ai jamais envoyé de notes à des journaux — j'ai toujours évité de me montrer dans les endroits publics — je n'ai jamais fait imprimer mon nom sur une affiche en plus gros caractères que ceux employés pour mes interprètes — et, finalement, je mets au défi mes détracteurs de fournir une preuve de cette vanité qu'on me reproche tant.

Or donc, vaniteux, non — mais épateur, ça je l'avoue.

Epateur, parce qu'au fond très épaté d'en être arrivé là.

Très épaté pour la raison que cette heureuse issue était imprévisible.

Mon incoercible paresse, en effet, et mon ignorance quasi totale ne me désignaient guère à tant de professions toutes plus absorbantes, et plus ardues d'ailleurs les unes que les autres — mais d'autre part, il m'avait plu de considérer comme autant de défis les avertissements qui m'avaient été prodigués dès ma prime jeunesse.

A ceux qui m'avaient dit : « Tu verras ! » — j'avais répondu : « Nous verrons ! »

Je n'avais pas de but, mais je faisais un rêve.

Et pour tout dire, en vérité, je ne rêvais que d'épater l'adorable auteur de mes jours.

Et je m'accuse aussi d'un peu d'ostentation.

Je suis visiblement enchanté d'avoir pu réunir chez moi tant de tableaux de choix, de livres admirables et de manuscrits précieux.

Je fais l'étalage de mes collections avec une sorte d'impudeur que j'observe — et dont je me guéris chaque jour davantage, car toutes ces merveilles, je les vois s'en aller de chez moi une à une.

Je les avais acquises avec discernement — avec amour aussi — puisque j'avais formé dès longtemps le dessein d'offrir à mon pays ma maison telle quelle, avec ses objets d'art, avec le souvenir si présent de mon père.

Un an de cauchemar a vu s'évanouir quarante années de rêves.

Non, non, ni vaniteux — ni, d'ailleurs, égoïste.

Turbulent, touche-à-tout, d'une impatience folle et dévorant la vie — du reste convaincu que rien n'est impossible — et parfois, j'en conviens, me croyant tout permis — sans volonté suivie, sans ambition réelle et pas persévérant — opposant une force d'inertie déplorable aux choses qui m'ennuient — mais faisant toujours passer le bonheur des autres avant le mien — me sacrifiant sans le savoir, ou bien alors pour mon plaisir — négligeant ma santé jusqu'à la compromettre — prodigue, je m'en flatte, mais incapable de faire un pas par intérêt — et travaillant quinze heures par jour, comme si ce n'était pas permis — tel est l'homme que j'étais — et que je suis peut-être encore.

Illusionniste-né, vite il m'est apparu qu'au mépris des coutumes et des conventions, j'avais

*pour mission de plaire à mes contemporains —
sans cependant jamais déplaire à Jules Renard.*

*Comblé par le Destin, je n'ai pas eu d'autre
souci.*

***
***

*Il est pourtant une vertu que je possède au plus
haut point — c'est le sang-froid.*

*Ce qu'on appelle « le coup dur » me met hors de
combat, du moins physiquement, pendant quelques secondes — le temps d'en supputer toutes les
conséquences. J'en vois les avantages et les incon-
vénients — si bien que le comique aussitôt s'en
dégage. Et, dès lors, attentif, intéressé, subtil, je ne
néglige rien de ce que l'incident pourrait avoir
d'irracontable si je devais cesser d'y tenir le beau
rôle.*

*En quelque circonstance que ce soit, je ne me
suis jamais départi de ce calme — et j'en ai fait
l'expérience, récemment, sous la menace d'une
arme à feu, dans ma cellule, à trois reprises.*

***
***

*Je puis donc me flatter de ne m'être jamais mis
en colère de ma vie.*

*Je n'ai jamais donné de coup de poing sur les
tables ni fait claquer les portes — je n'ai jamais levé
la main sur personne — et j'ai détesté pendant
quelques instants ceux ou celles qui m'ont fait
élever la voix.*

20

Dans le commerce journalier, j'ai tout lieu de me croire en somme assez vivable — encore qu'à de certains égards je sois peut-être singulier.

Rien ne me distrait, rien ne m'amuse — et ce qui ne me passionne pas m'ennuie.

Je ne suis guère intransigeant, mais il n'est rien que je supporte aussi mal que l'impolitesse.

L'injure et la grossièreté elles-mêmes m'offusquent beaucoup moins.

Dans la rupture avec la femme, avec l'ami ou la maîtresse — voire avec la servante, avec le fournisseur — étant toujours hostile à la demi-mesure, je ne suis pas de ceux qui se réconcilient.

Dans la conversation, je suis intolérant, péroreur et formel — parfois brillant d'ailleurs — mais trop persuasif et toujours volubile.

Bavard impénitent, je suis pris de vertige en prenant la parole — et je ne la rendrais pas pour un boulet de canon !

Mais il peut advenir qu'un adversaire assez rusé pour s'en saisir m'en dépossède cependant.

Quand ce malheur m'arrive — hélas ! — je tombe en un état voisin de la torpeur qui ne manque jamais d'attirer l'attention des âmes charitables.

Eprises de justice, ou prises de pitié, elles me font alors restituer mon bien — et je reviens vite à la vie.

⁎⁎

Ainsi j'aurai parlé de moi pour la première — et pour la dernière fois sans doute.

Et si j'en ai parlé, si j'en ai trop parlé, que l'on s'en prenne à d'autres.

Il n'aurait pas fallu qu'on m'en donnât l'exemple.

L'homme qu'on incarcère est tenté de se croire assez intéressant — et pour peu qu'on ait mis sa vie en question, il attache aussitôt du prix à sa personne — et beaucoup moins à l'existence.

Ce qu'on m'accusait d'être, assez injustement : égoïste, cynique, impudent et moqueur — puissé-je le devenir afin que mes ennemis, voyant la différence, en restent confondus.

⁎⁎

Les réflexions qui suivent, notées au jour le jour au cours de cette année, achèveront de me dépeindre — et me feront mieux connaître encore.

⁎⁎

Je n'ai qu'une passion : le travail.
Je n'ai qu'un seul bonheur : aimer.
Et je n'ai qu'un amour : la France.

ELLES
ET
TOI

PAR

OUI, Elles et Toi : les autres femmes et toi —
pas comparativement — mais il n'en reste pas
moins que toutes ces réflexions me sont venues à
l'esprit durant notre aventure car, ou bien tu
m'as fait penser aux autres, ou bien tu m'en as
fait souvenir.

Or donc, ce petit livre est l'histoire de ton
règne.

J'en ai respecté le désordre, afin de conserver
l'ordre chronologique de ces pensées — que je te
dois.

Elles ne te sont pas toutes favorables.

Je suis le premier à le regretter.

Mais puisque je te les devais — tu ne les as pas
volées !

Avoir à soi un être humain, tout lui donner — lui donner tout : l'amour des Arts, de la nature et de la vie — faire enfin son bonheur, et l'entendre un beau soir crier : " Je suis heureuse ! " — c'était cela mon rêve — et n'en ai pas eu d'autre.

Hélas !

On ne peut pas faire leur bonheur — de force.

Et celles que nous ne rendrons pas heureuses à notre idée sauront nous rendre malheureux à leur façon.

Faire des concessions ?

Oui, c'est un point de vue — mais sur un cimetière.

On peut bien — au besoin — se passer d'être heureux, si l'on fait le bonheur de celle que l'on aime — car la vue du bonheur que l'on donne réjouit l'âme et satisfait la vanité. Mais conserver par-devers soi une femme qu'on ne rend pas heureuse, c'est faire le malheur de deux femmes à la fois : de celle, tout d'abord, qui pourrait être heureuse entre les bras d'un autre — et puis de celle aussi qui, peut-être, à sa place, elle, serait heureuse — et vous rendrait heureux.

*
**

En vérité, j'ai pour la femme un tel amour, et pour l'amour un tel penchant, que la pensée de vivre à deux sans s'adorer me fait horreur.

*
**

Par respect pour nous-mêmes, précipitons la fin de nos amours qui s'amenuisent — et que s'aimer modérément soit l'apanage des médiocres.

*
**

Dès l'instant qu'on s'abstient de faire ouvertement des projets d'avenir, c'est qu'on en fait mentalement qui ne concernent plus la personne présente.

Et qu'on le veuille ou non, celle qu'on aime encore devient bientôt " la précédente " — alors même que celle qui va lui succéder n'est pas choisie déjà.

*
**

Il y a un an, quand nous passions la soirée ensemble, nous la passions seuls tous les deux.

Quand il nous arrive aujourd'hui de passer la soirée ensemble, nous la passons seuls l'un et l'autre.

Mariage de raison — folie.

Et mariage d'amour aussi — mais le risque est moins grand.

Et il n'y a de raisonnable, en vérité, que les divorces — on se connaît.

Et je crois aux divorces de raison.

Nous étions tous les deux l'un en face de l'autre — et j'ai lu dans ses yeux qu'elle ne m'aimait plus, qu'elle envisageait tout ; l'avenir incertain, sa trahison, la mienne, et ma colère, et ma douleur, et même aussi ma haine — et même aussi ma mort.

Et armée jusqu'aux dents, cuirassée, implacable, elle ne voyait pas dans mon regard éteint que j'avais commencé à l'oublier déjà.

Allons, faisons la paix, veux-tu : séparons-nous.

Et puisque tu tiens absolument à me devenir indifférente — c'est entendu, je te pardonne.

*
**

29

A l'égard de celui qui vous prend votre femme,
il n'est de pire vengeance que de la lui laisser.

**
*

Elle est partie en claquant les portes.
Elle avait l'air de gifler ma maison.

**
*

— Monsieur est servi !
Je n'avais pas entendu cela depuis bien des
années.
Et ce bon serviteur ne croit pas si bien dire !

**
*

Après huit ans de vie commune, elle est partie
enfin.
Enfin, me voilà seul !
Je le souhaitais depuis longtemps.
Je vais donc enfin vivre seul !
Et, déjà, je me demande avec qui.

TU m'es tombée du ciel — comme parachutée — une ombrelle à la main et le sourire aux lèvres.

Depuis trois ans tu me plaisais.

Je ne t'en avais jamais rien dit.

J'évitais même de m'en parler. Mais je pensais souvent à toi. Tu faisais partie de mes rêves — et je te mettais de côté pour plus tard.

Quand une femme qui me plaît me fait demander au téléphone, je me donne vite un coup de peigne avant d'y aller.

Ta bouche m'a tendu notre premier baiser — comme s'il était entre tes lèvres — comme un fruit.

Instinct miraculeux des femmes qui font le geste qu'on espère, qui savent ne pas dire le mot que l'on redoute et qui vous donnent le baiser que l'on attend !

Pourtant, pendant les premiers jours, il faut se résigner à s'entendre appeler Jim, Jo, Fred ou Bobby.

Quand elles s'en aperçoivent, elles en restent confondues.

Pas tant que nous !

Toi, prudente, tu m'as tout de suite appelé " chéri " — j'en suis resté confus.

Aimer, c'est faire constamment l'amour, à tout propos — jusqu'en paroles.

Et c'est le faire où que ce soit, n'importe quand — parce qu'on est heureux, parce qu'on est morose, parce qu'on se sent bien, parce qu'on est malade — et parfois même aussi parce qu'on n'en a pas le temps.

Elle était juchée sur dix centimètres de talons, les épaules de son manteau étaient rembourrées à la mode, elle venait de faire faire sa permanente et ses racines, ses ongles étaient carminés sang-de-bœuf, ses yeux bleus s'ornaient d'une frange de faux cils, on voyait que son fond de teint était invisible, le rouge qu'elle avait aux lèvres en rectifiait les courbes — et avouez qu'il faut être aussi fou qu'un homme amoureux pour dire à cette femme :

— Dis-moi la vérité, c'est tout ce que je te demande.

Qu'elle laisse tomber ce manteau, descendez-la de ses souliers, qu'elle dépose ses faux cils, débarbouillez-la au savon, puis prenez entre vos mains son visage mis à nu, et vous vous apercevrez qu'elle avait maquillé un masque.

Le mystère en effet subsiste — et l'on en arrive à se demander si, avec tous leurs artifices, elles n'avouent pas davantage.

Tu es aussi peu que possible la femme qu'il me faut.

C'est bien tentant !

Elles nous aiment en bloc — nous les adorons en détail.

Nous, nous avons une tête — elles, elles ont des yeux, un nez, une bouche, des cheveux et des oreilles.

Nous, nous avons un corps — elles, elles ont des épaules, des seins, des bras, des hanches.

Et si nous avons, nous, des jambes — elles, elles ont des cuisses, des genoux, des mollets et des pieds.

Dis, veux-tu que ce soit pour toute la vie ?
Nous verrons bien le temps que cela durera.

Comment les autres hommes peuvent-ils vivre sans toi ?

On n'est pas toujours en beauté — mais ne t'en inquiète pas.
Tu me plais tellement que, quand il t'arrive de n'être pas jolie, je te trouve belle.

Quand on dit d'une femme qu'elle est cultivée, je m'imagine qu'il lui pousse de la scarole entre les jambes et du persil dans les oreilles.

Toi, quand tu arriveras un jour à l'heure, c'est que tu te seras trompée d'heure.

Ce qui les inquiète toutes — à leur propre sujet — c'est la facilité avec laquelle je me console du départ de la précédente.

Elle s'attache à moi à la façon du lierre. Décidément, je suis mûr !

Dieu, que tu étais jolie ce soir au téléphone !

Quand on aime une femme laide il n'y a pas de raison pour que cela cesse — même, au contraire. On l'aimera de plus en plus, puisque si la beauté s'altère avec le temps, la laideur, elle, s'accentue.

Je t'adore !
Et j'appelle ça une pensée.

S'aimer profondément, indissolublement — évidemment, oui, c'est beaucoup — mais c'est tout de même se contenter de peu.

Lorsque tu tardes à t'éveiller, je me réjouis d'abord en songeant que tu auras bien dormi — mais je finis toujours par me demander si ce n'est pas parce que tu as mal dormi que tu tardes tant à t'éveiller.

Quand vous dites à une femme qu'elle est une des dix plus jolies femmes de Paris, elle se demande aussitôt quelles peuvent bien être les neuf autres — et elle les recherche comme pour les gifler.

Oui, d'accord — il est adorable ton corps.
Tâche d'en être digne.

Lorsque celle que j'aime est là, tout près de moi, quand je la sens qui s'abandonne dans mes bras, je ne la considère plus que comme un être humain, sans personnalité, sans nationalité, sans parents, sans argent, sans défauts, sans défense, que je ne connais guère et qui m'appartient cependant.

J'écoute les battements de son cœur avec émotion, je la protège — et j'ai l'air de dire au monde entier : " Essayez donc de me la prendre ! "

Donnerais-je ma vie pour elle ?

Oh ! sûrement — mais qu'on ne me laisse pas le temps de réfléchir.

Elles vous ont tout un système philosophique — en vérité sommaire, et qui ne concerne que les hommes — mais qui tient parfaitement debout quand ceux-ci sont couchés.

Je vois très bien un homme disant à ses amis :
— Je vous préviens loyalement que si vous n'accueillez pas gentiment ma maîtresse, je vais être obligé de l'épouser.

**

Il y a des femmes dont l'infidélité est le seul lien qui les attache encore à leur mari.

**

Nous redoutons depuis huit jours la première discussion que nous allons avoir — convaincus qu'elle sera révélatrice et décisive, quelque bénigne qu'elle soit.

Nous l'évitons avec un soin qui témoigne de notre amour — et malheureusement aussi de notre clairvoyance.

Et c'en est même attendrissant.

Et tu le fais d'ailleurs avec un tact extrême — et quelle gentillesse !

C'est à celui qui ne dira pas le mot qui, tout à coup, mettrait le feu aux poudres.

Nous nous connaissons trop déjà pour ne pas appréhender d'en savoir davantage.

Cela va devenir une hantise, tu vas voir.

Et cette discussion, l'estimant désormais fatale — et nécessaire — nous ne ferons bientôt plus rien pour l'éviter.

Même, il se peut que, dans trois jours, n'importe quel prétexte nous soit bon pour qu'elle éclate enfin.

Elles s'imaginent qu'on veut les détourner de leur chemin — et ne s'aperçoivent pas qu'elles sont dans l'ornière.

J'observe que, parfois, c'est avec la froideur d'un bourreau bienfaisant que tu me regardes être heureux dans tes bras.

*
**

En jouant, tu m'as donné un très violent coup d'ongle — et tu t'es écriée :
— Oh ! Que tu m'as fait mal à l'ongle !

*
**

Il y a en toi quelque chose d'ingénu qui disparaît aussitôt que tu fais l'enfant.

*
**

Elles considèrent comme des remontrances les avertissements que nous avons la loyauté de leur donner.

*
**

Il avait courtisé ma femme, elle est partie avec lui — et j'apprends aujourd'hui qu'il dit de moi pis que pendre.
Il n'a pas été long à se venger !

*
**

Et si vous commenciez par cesser de mentir, mesdames, vous finirez par croire un peu ce qu'on vous dit.

38

J'imagine un cocu disant :

— Ce qui m'exaspère, c'est de penser que ce monsieur sait maintenant de quoi je me contentais !

Perfides, infidèles, indiscrètes et perverses, elles n'en sont pas moins pitoyables — et c'est bien là leur force !

Si les femmes savaient combien on les regrette, elles s'en iraient plus vite !

— Dis-moi que tu m'aimes.
— En ce moment, je te déteste.
— Dis-moi tout de même que tu m'aimes.
— Puisque je te dis que je te déteste.
— Ça m'est égal. Mens-moi. Je verrai si tu as fait des progrès comme actrice. Tu sais, moi, je m'y retrouve toujours.

Elles croient volontiers que parce qu'elles ont fait le contraire de ce qu'on leur demandait, elles ont pris une initiative.

Deux femmes finiront toujours par se mettre d'accord sur le dos d'une troisième.

**
*

Chérie, je me demande si tu ne joues pas un trop grand rôle dans ta vie.

**
*

Rien n'est plus amusant, rien n'est plus émouvant qu'une discussion vive entre un homme et une femme qui ont toutes les raisons de se séparer déjà — et qui ne le désirent ni l'un ni l'autre encore.

La scène inéluctable éclate — et, tout de suite, les voilà qui jettent leurs griefs dans les plateaux de la balance — un peu comme pour s'en débarrasser, mais sans jamais perdre de vue que la fonction d'une balance est d'établir un équilibre.

Leur colère est évidente — mais il est à noter déjà que la mauvaise foi ne viendra pas gâter les choses davantage. Et s'ils vont jusqu'aux pires injures, ils prennent soin d'éviter celles qui seraient ineffaçables.

Ils se tendent des pièges — et, simultanément, des perches.

Parfois, l'on dirait même qu'ils cherchent à provoquer le cri du cœur qui leur permettrait de se jeter plus vite dans les bras l'un de l'autre.

C'est une lutte — à qui sera le plus faible.

A l'affût de toutes les concessions possibles, ils conviennent à tour de rôle de tels travers insignifiants sur lesquels ils insistent.

Ils se sont fait d'abord les plus graves

reproches afin d'en arriver plus vite aux pecca-dilles.

Ils énumèrent à présent leurs propres défauts parmi lesquels ils glissent adroitement leurs plus exquises qualités.

Ce chapitre étant abordé, c'est alors un assaut de congratulations réciproques.

Ils vont bientôt se jeter leurs vertus à la tête !

Tout cela devient confus — et l'on voit appa-raître enfin le verbe aimer avec son cortège de conjugaisons renforcées par des " plus ", des " moins ", des " davantage " et d'interminables adverbes.

De là à se prouver que les fautes commises l'ont été par amour, il n'y a qu'un pas — et le pas est bien vite franchi :

— Est-ce que je t'aurais menti si je ne t'aimais pas !

Et c'est à croire que les baisers ont été inventés aussi pour se fermer la bouche.

Un grand amour est peut-être incomplet s'il n'a pas son déclin, son agonie, son dénouement.

Vous êtes en contradiction souvent ton corps et toi — et ce n'est pas le moindre de tes charmes.

La plupart des autres corps qu'il m'a été donné de connaître se conformaient bien davan-tage aux circonstances.

J'ai vu des femmes évanouies dont la poitrine défaillait — belles poitrines cependant. J'ai vu des femmes en colère dont les jambes devenaient soudain méconnaissables. J'ai vu des femmes qui ne pouvaient pas retenir leurs larmes et dont le ventre apparaissait.

Je t'ai vue inondée de pleurs avec des seins qui continuaient d'être à la fête. Je t'ai vue en colère avec des jambes gaies. Je t'ai vue pliée en deux de douleurs d'estomac avec des hanches qui ne se privaient pas d'être voluptueuses encore.

Quand tu n'es pas à prendre avec des pincettes, ton corps oppose un démenti formel aux reproches que tu me fais — et lorsque tu t'éloignes, il a l'air bien souvent de te suivre à regret.

Mais quand tu fais l'amour, tu as parfois en revanche de la peine à le suivre — et ce n'est pas ton moindre défaut.

Comment pourrais-tu tenir, il est vrai, toutes les promesses qu'il fait sans t'avoir consultée !

Tu me demandes d'être indulgent comme si je t'aimais — or, n'oublie pas que je t'adore.

Donc, ne sois pas trop exigeante : contente-toi de tout — et ne m'en demande pas moins.

Elles peuvent être divines — et, dans le même instant, devenir diaboliques.

J'étais hier de fort bonne humeur, toi-même tu voyais la vie assez en rose et nous avions fait très bien l'amour — mais tu m'as dit une chose qui me trouble. Tu m'as dit que depuis quelques jours tu me trouvais plus compréhensif à ton sujet, plus confiant, moins inquiet — tu m'inquiètes : est-ce que je t'aimerais moins ?

⁎⁎

Il y a celles qui vous disent qu'elles ne sont pas à vendre, et qui n'accepteraient pas un centime de vous !

Ce sont généralement celles-là qui vous ruinent.

⁎⁎

Je m'en veux de l'avoir observé, mais voilà que déjà je me donne à choisir entre elle et mon travail — et quand je sens qu'elle va être en retard, vite je prends la plume pour qu'elle arrive un peu trop tôt.

Dame, il faut bien que je me défende !

⁎⁎

Décidément — tu n'es pas assez gaie pour que je te prenne au sérieux.

⁎⁎

Femmes que nous aimons, c'est vous qui nous faites travailler.

Femmes que nous n'aimons plus, c'est vous qui nous en empêchez.

⁎⁎

Tromper, trahir, oui, c'est affreux — mais c'est cruel aussi que de rester fidèle, car c'est enchaîner l'autre.

*

Tu es indiscrète : tu retiens tout ce que je te dis.

*

Elles ont un redoutable avantage sur nous : elles peuvent faire semblant — nous, pas.

*

Je conviendrais volontiers qu'elles nous sont supérieures — rien que pour les dissuader de se croire nos égales.

*

Souvent j'en mets plusieurs dans le même panier.
Quand je les y mets toutes, je ne t'oublie jamais.

*

Tu as vingt ans.
Si tu m'aimes, tu m'ôtes vingt ans.
Si tu ne m'aimes pas, tu me les ajoutes.

Quand, pour calmer mes jalousies rétrospectives, tu me déclares que le passé est aboli en toi, quand tu me dis combien, après six mois, tu as de la peine à te souvenir de certains gestes, quand tu me parles de ces visages que tu n'aperçois plus qu'à travers un brouillard, tu me tranquillises — et tu m'inquiètes. Et je me désole en songeant que tu vas m'oublier si vite !

Ne te méprends pas sur ma douceur, ne te fais pas trop d'illusions sur ma patience. Si je ne te donne pas des ordres, c'est dans la crainte seule de te voir m'obéir — ce qui m'empêcherait d'avoir de l'estime pour toi.

N'est pas cocu qui veut.

Et nous ne devons épouser que de très jolies femmes si nous voulons qu'un jour on nous en délivre.

Faut-il être assez sûr, mon Dieu, qu'on les adore, pour oser en parler ainsi !

Parce que tu n'obéis qu'à toi-même, tu crois que tu restes indépendante.

Vois de qui tu dépends !

De temps à autre, elles ont douze ans. Mais qu'un événement grave se produise — et crac ! elles en ont huit.

Quand tu fais celle qui est en prison et que tu me traites comme un geôlier, tu me fais souvenir que les geôliers aussi passent en prison leur vie.

Tu m'accuses parfois de n'être pas à la page — et tu ne t'aperçois pas que j'en suis déjà au chapitre suivant.

Quand je te pose une question qui t'embarrasse, tu la répètes toujours avant de me répondre.

Si je te demande :

— Qu'est-ce que tu as fait de 5 à 6 ?

Tu te reposes la question :

— Ce que j'ai fait de 5 à 6 ?

C'est ainsi que tu prends ton élan pour mentir.

Consciente, organisée — et maligne, ô combien — tu es d'ailleurs l'une des menteuses les plus intéressantes à observer qui soient : tu ne mens pas.

Je t'avais calomniée. Car tu ne mens jamais — au sens propre du terme.

Pas si bête — pardi !

Tu t'abstiens seulement de dire la vérité entière.

Et dès le premier jour — pour te faire la main — tu gardes le silence, un silence de chat, sur certains points insignifiants.

Ainsi tu tâtes le terrain — et tu prends tes mesures.

Si tu as fait quatre courses absolument avouables, tu n'en cites pourtant que trois. Tu t'en mets de côté.

Prévoyante de l'avenir, il ne faut pas que tu aies à modifier ta façon d'être le jour où tu auras vraiment quelque chose à cacher.

Elles croient que tous les hommes sont pareils, parce qu'elles se conduisent de la même manière avec tous les hommes.

Ta lassitude à mon égard est évidente — mais c'est quand, tout à coup, redevenue gentille et tendre, tu veux bien m'exprimer ton sentiment pour moi — oui, c'est alors que, justement, je m'aperçois le mieux de son insuffisance.

Ton passé, j'en ai fait tout de suite mon affaire — et je ne suis en vérité jaloux que de ton avenir. Il m'exaspère quand j'y pense.

Et, te comblant encore d'attentions, d'égards, je m'applique à te le préparer, non pas navrant — mon Dieu ! je n'ai pas cet espoir — mais peut-être incomplet.

Une femme sur ses genoux avec laquelle on n'est plus d'accord — c'est lourd !

Tu faisais une réussite.

Je t'ai demandé ce que tu demandais. Tu m'as répondu :

— Rien.

Soit — mais alors, la prochaine fois que tu éternueras, je ne te dirai pas : « A tes souhaits. »

C'en est encore une, celle-là, tenez, qui prend l'entêtement pour de la volonté, qui confond excentrique avec original et susceptible avec sensible — encore une, tenez, qui reste convaincue que la contradiction tient lieu de caractère — et qui croit volontiers que faire des façons c'est avoir des manières.

Ta personnalité, dont tu fais si grand cas, ne vaut pas ta personne.

Ta personne, c'est ton instinct.

Ta personnalité, c'est la couleur de tes cheveux — quand ils sont teints.

Ta personne, c'est ton odeur.

Ta personnalité, ce n'est que ton parfum.

Ta personnalité, c'est ce que tu comprends.

Ta personne — c'est mieux — c'est ce que tu devines.

Ta personne égayée, c'est un feu d'artifice.

Ta personnalité, c'est beaucoup d'artifices.

Ta personnalité, c'est tout ce qui s'achète — et que tu peux revendre.

Ta personne n'a pas de prix — et je sais bien ce qu'il m'en coûte !

Tu as un charme irrésistible — en ton absence — et tu laisses un souvenir que ton retour efface.

On les a dans ses bras — puis un jour sur les bras — et bientôt sur le dos.

Ton corps est comme un défi d'en trouver un plus beau.

Cela donne envie de chercher.

Le jour où j'ai le plus désiré te mettre sur un trône, tu m'as dit :

— Je ne peux pas vivre en esclavage !

Patience !
Elles finissent toujours par nous faire une chose qui nous empêche d'avoir de l'estime pour elles.

Je m'aperçois que, bien souvent, je porte sur toi des jugements sévères qui t'absolvent — et qui me condamnent.

Je n'ai pas encore osé dire à mes amis intimes que nous sommes pour ainsi dire séparés — tant je redoute qu'ils ne m'en félicitent.

Je te déteste beaucoup trop — ce n'est pas normal : je dois t'aimer encore.

Depuis trois ou quatre jours — dans la crainte d'une réconciliation — ils évitaient soigneusement tout sujet de dispute.

Je n'aurais jamais épousé la fille de Molière ou celle de Fragonard — car je ne me serais pas reconnu le droit de faire des petits-fils à des hommes pareils.

***

Ma mémoire est fantasque — et parfois il m'arrive de parler très fort à l'oreille d'un myope.

***

Ce qui tue, c'est l'espoir.

Et, tandis qu'ils en meurent, combien on voit de gens qui disent qu'ils en vivent.

***

Je n'aime pas qu'on me téléphone — et je donne d'interminables coups de teléphone pour que, pendant ce temps-là, personne ne puisse me téléphoner.

***

Cet homme vous ennuie ?

Rendez-lui donc service — et vous en serez débarrassé.

***

A de certaines heures, je n'aime à fréquenter que des gens qui me sont indifférents — et plus ils me sont indifférents, plus je m'attache à eux.

**

Or, à ces heures-là, j'éprouve un singulier plaisir à reporter toute ma tendresse sur des objets dont la valeur — enfin ! — n'est que sentimentale : une lettre de Stendhal, un pinceau de Monet, l'encrier de Flaubert, quatre coups de crayon de Lautrec, une arabesque de Matisse...

**

Croquis, dessins, pastels, ébauches des grands maîtres — je vous regarde avec amour, avec respect.

Je vous adore.

Un croquis, ce n'est pas le début d'un chef-d'œuvre à venir, ce n'en est pas la fin — c'en est l'essentiel.

Voyez ces arbres faits d'un trait, ces regards faits d'un point, ces mains faites d'une ombre !

Avez-vous admiré comment Rodin, les yeux fixés sur le motif, cerne le corps d'une odalisque — avez-vous vu comment La Tour se fait sourire — comment Daumier sait mettre Rossinante au pas — comment s'y prend Degas pour que sa danseuse ait effleuré le sol la seconde d'avant — avez-vous vu comment Watteau fait s'asseoir un marquis, très confortablement, bien qu'il ait négligé de lui donner un siège ?

Traits de crayon — traits de génie.
Instants miraculeux qui, déjà, s'éternisent !

3

PARIS.

Etre Valentinois, c'est être natif de Valence, Draguignanais de Draguignan et Briochain de Saint-Brieuc — mais être Parisien, ce n'est pas être né à Paris : c'est y renaître. Et ce n'est pas non plus y être — c'est en être. Et ce n'est pas non plus y vivre — c'est en vivre. Car on en vit — et l'on en meurt. Etre de Paris, ce n'est pas y avoir vu le jour — mais c'est y voir clair. On n'est pas de Paris comme on est de Clermont — mais on est de Paris comme on serait d'un cercle. On est élu Parisien — élu à vie.

C'est une dignité.

C'est une charge aussi.

On doit être à ses ordres, à sa dévotion, quand Paris vous a fait l'honneur de vous admettre.

Aimer Paris rend orgueilleux, car il vous devient à ce point nécessaire qu'on en arrive à croire qu'on peut lui être utile.

« La critique est aisée » — à qui le dites-vous !
Elle s'enrichit à nos dépens — et se nourrit de
petits fours.

Oui, c'est être constant que d'adorer l'amour,
et c'est ne pas changer de goût que de changer de
femmes — puisque les femmes changent.

Si je relis *le Misanthrope*, je me dis que nous
sommes cinq en ce moment, peut-être dix, peut-
être mille à le relire.

Mais si je reste seul pendant vingt-cinq
minutes devant *le Fifre* de Manet, je me dis que,
pendant ces vingt-cinq minutes-là, moi seul au
monde ai vu *le Fifre* de Manet.

Nous avons beau dire : « Mon temps... je perds
mon temps... je prends mon temps... » — ce
possessif est dérisoire : c'est toujours lui qui
nous possède.

Il faut de temps à autre me faire souvenir des
gens avec qui je suis brouillé, sans quoi je ferais
des gaffes — et je les saluerais.

L'on doit apprendre à remercier. C'est tout un art. Et dans certaines circonstances n'hésitons pas à décerner nos remerciements.

Nous pouvons même aller jusqu'à féliciter celui qui nous oblige.

C'est ainsi que l'on augmente son crédit — car cela tend à démontrer que tout en somme nous est dû.

Mais non, cet homme-là n'est pas tellement faux — puisque cela se voit sur son visage qu'il est faux.

Colette.
Elle préfère les synonymes — et c'est bien ce qui rend sa phrase si jolie.

Lorsque les bons acteurs sortent de scène, ils entrent dans la pièce voisine.

Les mauvais qui s'en vont, eux, n'entrent nulle part.

Elle bâillait devant moi.
Je lui ai dit :
— Bâille-bâille !

L'un des mensonges les plus fructueux, les plus intéressants qui soient, et l'un des plus faciles en outre, est celui qui consiste à faire croire à quelqu'un qui vous ment qu'on le croit.

*
**

Cette diversité parfois si monotone de la vie !

*
**

C'est un ami très, très intime — il ne faut pas s'aviser de dire du mal de moi devant lui.

Il ne faut pas en dire trop de bien non plus — pitié pour lui ! — c'est un ami très, très intime.

*
**

Je ne suis détesté que par des imbéciles — ou par des gens qui sont d'une laideur extrême.

Il est vrai d'ajouter que l'un n'exclut pas l'autre et que l'idiotisme est compatible en outre avec le biscornu.

*
**

Sentant venir la mort, le photographe a dit entre ses dents :

— Attention... ne bougeons plus !

*
**

Ma vie de garçon a la vie dure — et c'est en vain que depuis quarante ans je l'enterre.

*
**

Je me demande parfois si je ne deviens pas fou, car il m'arrive de me dire :

— Plus tard, quand je serai jeune...

Lorsque le temps subitement se rafraîchit, Femmes, j'aimerais pouvoir vous mettre à toutes un manteau chaud sur les épaules.

C'était le jour de son procès.

En désespoir un peu de cause, l'accusé, s'adressant au Président du Tribunal, lui dit ingénument :

— Monsieur, je vous fais juge...

L'homme le plus modeste du monde à l'égard de sa propre valeur pensera néanmoins qu'il en sait toujours assez pour enseigner à son fils le métier qu'il exerce.

Vos amis qui vous prédisent des malheurs en arrivent bien vite à vous les souhaiter — et ils les provoqueraient au besoin pour conserver votre confiance.

Elle est partie — enfin !
Enfin, me voilà seul.

C'était, depuis bien des années, mon rêve.
Je vais donc enfin vivre seul !
Et déjà je me demande avec qui.

**
*

A la tombée du jour, je me suis promené seul dans les bois pendant une heure. J'allais, me répétant tout bas le mot « amour » — dans l'espoir où j'étais qu'une réflexion profonde, originale ou drôle me viendrait à l'esprit.

Je disais : « L'amour... quand l'amour... si l'amour... l'amour... l'amour... » et c'était malgré moi des refrains de chansons qui me venaient à la mémoire.

De tout ce que j'avais entendu, de tout ce que j'avais lu, de tout ce que j'avais dit moi-même, il ne restait que des refrains — des refrains qui, liés les uns aux autres, ne formaient plus qu'un grand refrain berceur, doux et mélancolique.

J'avais beau faire un grand effort pour évoquer l'amour sous une forme plus haute, je ne parvenais pas à lui donner les ailes immenses dont souvent on le pare. J'avais beau me répéter qu'il est plus fort que tout, qu'on se ruine pour lui, qu'on vole et qu'on se tue, j'avais beau me souvenir et me battre les flancs — c'était en vain. Dans le silence de cette allée que j'arpentais, les mots qui me venaient étaient toujours les mêmes.

Alors, j'allai dans le passé. Je réveillai tous les amants héroïques d'autrefois afin d'en tirer quelque chose.

Hélas !

Des serments éternels, des promesses infinies, des sanglots prolongés, de tout ce passé dans

110

lequel je plongeais mes regards et mes mains, il
ne restait plus que des petites mèches de cheveux... quelques fleurs fanées... des bijoux bon
marché... des fins de lettres... des commence-
ments de phrases... des points de suspension, des
petites taches, un peu de sang... des points
d'exclamation... des « oh ! »... des « ah ! »... des
cris... des baisers... des baisers très longs... des
baisers très courts volés à quelqu'un... des
silences, des silences interminables... des mur-
mures, des plaintes étouffées... des soupirs...
d'autres cris... des silences différents... et puis,
des mots... des mots... des mots méchants... des
mots cruels... des mots incompréhensibles... des
sobriquets... de petits mots... des mots moyens...
et de grands mots, le mot « toujours »... le mot
« jamais »... et le mot « adieu » qui revient tout
le temps, tout le temps... et puis des vers... des
vers... beaucoup de vers... des vers très longs,
mais très fragiles et qui se cassent en morceaux
pour qu'on puisse facilement les mettre en musi-
que — et les refrains de chansonnettes recom-
mençaient dans ma mémoire leur danse nostal-
gique et triste et souriante...

4

ON n'oublie pas qu'on a été en prison — et les autres n'oublient pas que vous y êtes allé.

S'ils l'oubliaient d'ailleurs, vous leur en parleriez — et si vous l'oubliiez, ils vous en feraient souvenir.

Les romanciers fameux abordent le Théâtre — avec l'espoir sans doute de le faire sombrer.

— Je voudrais lire un livre admirable sur Voltaire.
— Lisez Voltaire.

Ecoles : établissements où l'on apprend à des enfants ce qu'il leur est indispensable de savoir pour devenir des professeurs.

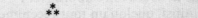

D'un beau nom, faire un mot — casse-cou !
Claudelienne, maurrassienne, giraldienne —
tarpéienne !

*
*

Nous éprouvons un sentiment pour nos amis
— que nos amis aussi éprouvent — pour les
leurs.

*
*

Le sens critique.
Dieu nous en garde !
Car ce sens déplorable annihile tous les autres.
En acquérant le sens critique, nous devenons
myope et dur d'oreille, nous n'avons plus guère
de nez, nous voyons s'émousser notre goût — et
nous manquons bientôt de tact.
Et voilà nos cinq sens absorbés par ce parasite
qui s'en nourrit et s'en régale.

*
*

Sa mort l'a fait connaître.
Il peut revenir maintenant.

*
*

Ah ! Si les gens se contentaient encore de dire
des sottises.
Mais, pour notre malheur, ne prétendent-ils
pas nous les faire approuver !
Ainsi, quelqu'un tout récemment m'a déclaré :

— On dira ce qu'on voudra, c'est tout de même joli la peinture.

Or, à cette ânerie qui se suffisait grandement à elle-même, il a cru devoir ajouter :

— Hein ?

Sa sollicitation m'a gâté mon plaisir.

Un homme qui ne demande jamais de service à personne finit par se faire la réputation d'un homme qui n'en rend pas.

Pourquoi, dans les villes où l'on passe, s'applique-t-on à choisir douze cartes postales différentes — puisqu'elles sont destinées à douze personnes différentes ?

Immortaliser le chef-d'œuvre d'Henri Monnier en statufiant Monsieur Prudhomme — et le placer tel quel au centre du plus bourgeois des quartiers de Paris — comme une borne.

Si la vie est une expérience, et si l'on doit revivre après avoir vécu — ma foi, mon expérience est faite, qu'on m'emporte !

Mais — si l'on doit revivre après avoir vécu — sous un nom différent, dans un autre pays, exerçant un autre art — est-ce que Mozart ne serait pas le second voyage de Raphaël ?

*

J'ai pris mon rhume en grippe.

*

Il va falloir qu'un jour enfin je me décide à lire les livres que, depuis trente ans, je conseille à mes amis de lire.

*

J'aurai passé ma vie à confirmer la règle.

*

Ces journalistes venimeux qui vous insultent, vous diffament — il ne suffit pas qu'on les lise. Il convient encor qu'on ait vu les gueules dont ils sont pourvus.

Ça renseigne et ça tranquillise.

(25 octobre 1940.)

En cherchant bien, l'on trouverait à la plupart des bonnes actions des circonstances atténuantes.

Essayiste : homme de lettres prudent qui essaye de ne rien faire — et qui, pour conserver la place qu'il occupe, se résigne à ne publier chaque année qu'une soixantaine de réflexions qui lui sont suggérées par des pensées qu'il avait réunies en volume naguère — et qui, elles-mêmes, résumaient des notes parues déjà — notes qu'il avait prises au cours de l'élaboration d'un ouvrage qu'il se proposait d'entreprendre à l'époque.

Fort estimé de ses confrères, il parvient de la sorte à se survivre en marge — en marges de ses livres.

J'ai la prétention de ne pas plaire à tout le monde.

— Quoi de nouveau ?
— Molière.

*
**

Il y a des gens qui parlent, qui parlent, qui parlent — jusqu'à ce qu'ils aient enfin trouvé quelque chose à dire.

Se méfier des vieux qui disent : « Place aux jeunes ! »

Ils n'ont qu'à s'en aller, s'ils aiment tant les jeunes !

Or, il faut observer que ceux qui disent : « Place aux jeunes ! » ne leur offrent jamais que les places des autres.

C'est la familiarité de mes ennemis qui, plus que tout, me désoblige — car elle laisserait à supposer que ce sont là d'anciens amis.

Avoir dit, de bonne foi, le contraire de la vérité, c'est s'en être approché — de dos — mais de bien près.

Et l'astronome sincère qui, vers 1603, se serait écrié : « Puisque la terre ne tourne pas... » aurait singulièrement facilité sa tâche à Galilée.

Je suis libre d'avoir une opinion — et c'est déjà très beau — mais je voudrais bien être libre aussi de n'en pas avoir.

*
**

La nécessité pour l'auteur dramatique de se tenir toujours à sa disposition, l'obligation où il se trouve d'être quand il le faut son propre cobaye, cette optique singulière, cette faculté de voir « théâtre », de ne voir même que « théâtre » et de ne procéder jamais que par réplique, plaidant le pour, plaidant le contre, à tour de rôle — voilà toutes les raisons qu'il a de rester à l'écart des affaires publiques.

Si l'on a pu voir en effet des romanciers prenant parti, si l'on a vu des gens de lettres et des poètes se tourner vers la politique un instant — du moins constate-t-on que, de Corneille à nos jours, nul auteur dramatique ne s'y est fourvoyé.

L'écrivain de théâtre ne peut se départir en aucun cas, jamais, de son indépendance. Et l'accuser d'avoir un jour pris position, c'est tout bonnement lui contester le don du théâtre.

N'observant les événements et les hommes que du point de vue purement scénique, il doit en rester le témoin vigilant — mais combien détaché — s'il veut en être un jour le peintre scrupuleux.

Pour son malheur — hélas ! — l'homme qui s'abstient d'avoir une opinion devient bientôt suspect à tous les partis.

Nous vivons en un temps où la plupart des gens se croiraient déshonorés s'ils n'avaient pas d'opinion.

Ils en ont une en art, une autre en politique,

une autre en poésie — et qu'importe qu'elles soient incompatibles entre elles !

Il faut apparemment que rien ne leur échappe.

Ils préfèrent avoir une opinion, fût-elle absurde, sur Pascal, plutôt que d'être obligés d'avouer qu'ils ne l'ont pas lu.

Par exemple, ils diront :

— Pascal, oui... c'est possible... mais, moi, je n'aime pas les sectaires.

Phrase entendue par eux un jour — dont ils se serviront pendant toute leur vie, se refusant à en dire davantage — et pour cause.

Et les personnes présentes, qui n'auront pas lu davantage Pascal — et qui ne savent pas très bien ce que c'est qu'un sectaire — se le tiendront pour dit.

Ceux qui se croient obligés d'avoir une opinion se montrent sans respect pour l'opinion d'autrui — et pensent que la leur doit toujours prévaloir.

Ce sont pourtant des gens qui, d'ordinaire, donnent leur amitié à n'importe qui, se sont mariés n'importe comment, élèvent leurs enfants en dépit du bon sens et se trompent une fois sur deux dans leurs affaires.

Mais tous les démentis que la vie aura pu leur donner ne sauraient ébranler leur conviction formelle qu'ils savent cependant se faire une opinion.

Ils disent : « Voici mon opinion... telle est mon opinion... »

Ils considèrent qu'elle est leur œuvre person-nelle — et ne s'aperçoivent pas que cette opinion dont ils s'enorgueillissent est fort exactement celle de leur beau-frère ou bien de leur concierge.

5

Mon nom était fait.
Je me suis fait un prénom.

L'homme qui ne tient pas compte du scepticisme éventuel de son interlocuteur ne me semble pas être un homme complètement intelligent.

J'écris une lettre et je l'envoie.
Le brouillon en est là, sous mes yeux.
Je le relis.
Je n'en suis pas satisfait — mais la lettre est
partie !
Je corrige le brouillon quand même.

La Folle de Chaillot.
J'ai l'impression que Giraudoux a dû partir avant la fin.

Les bons acteurs sont à la scène exactement comme à la ville — et les mauvais sont à la ville exactement comme à la scène — aussi mauvais.

Certes, il y avait à Drancy le dessus du panier à salade — mais il faut avouer que tous n'étaient pas dignes du malheur qui leur arrivait.

Il est fort indiscret de regarder quelqu'un qui dort — car c'est lire une lettre qui ne vous est pas adressée.

Il y a des êtres prédestinés — qui peuvent parvenir à tout en faisant diamétralement le contraire de ce qu'on leur conseille.

**

Voilà un homme que je connais à peine — et qui cependant me déteste comme si nous étions parents.

**

Les mots qui font fortune appauvrissent la langue.

Moreno.
Elle a l'air d'une femme qui vient pour vous dire la mauvaise aventure.

La Vie des abeilles de Maeterlinck en est à sa quatrième traduction en langue portugaise !
Je ne sais rien de plus émouvant que cette jeunesse éternelle d'un chef-d'œuvre qui voit mourir ses traductions l'une après l'autre, de vieillesse.

Il est doux de penser que la plus belle main du monde, moulée vivante, est moins vivante ainsi que sculptée par Rodin.

Il y a des gens qui vous disent si gentiment :
— Bonjour...
Qu'on est tenté de leur répondre :
— Très bien, merci.

Il ne devrait pas y avoir de chefs-d'œuvre plus beaux que les livres scolaires.

Si vous êtes un jour traité de parvenu, tenez pour bien certain que vous serez arrivé.

Elle est si parfaitement laide — qu'elle devient vraiment jolie dans un bon miroir déformant.

Le peu que je sais, c'est à mon ignorance que je le dois.

Mes ennemis, ma foi, me font beaucoup d'honneur : ils s'acharnent après moi comme si j'avais de l'avenir !

C'est encore plagier un auteur que de faire systématiquement le contraire de ce qu'il fait.

Nous sommes loin de nous douter des services que pourraient nous rendre nos défauts — si nous savions les mettre en œuvre.

Ce qui ne tolère pas la plaisanterie supporte mal la réflexion.

Dans une discussion qui va s'envenimer, faire aussitôt celui qui devient dur d'oreille — et faire répéter sa phrase à l'interlocuteur.

Redite, articulée — comme elle s'arrondit aux angles tout de suite !

Ils se sont emparés de Lavoisier — et ils lui ont coupé le corps.

Cet homme qui, depuis deux ans, dit de moi pis que pendre, est mort hier au soir.

Je n'en demandais pas tant !

Et, d'autre part, je veux espérer qu'ils ne vont pas tous chercher à s'en tirer de cette façon-là !

Bien qu'il soit natif de Salzbourg — lorsque Mozart est venu au monde, il est venu au monde entier.

Un critique de profession s'est avisé de publier quatre cents pages sur Molière — mais en dépit de ses éloges, il ne parvient pas à le diminuer.

**
*

Si vous croyez que ce n'est pas parler de soi que de donner son opinion sur autrui !

*
**

Tandis qu'ils me palpaient — ceux qui m'ont arrêté — je me suis fait le serment d'être le spectateur des événements qui allaient se produire.

Je n'ai pas l'habitude de jouer dans les pièces des autres.

*
**

Point de vue théâtral — qui transpose la vie sans la dénaturer et qui la rend toujours — et pour le moins — vivable.

*
**

— Quoi de nouveau ?
— Molière.

*
**

Jouer la comédie, c'est avoir un rendez-vous d'amour tous les soirs à neuf heures avec mille personnes.

*
**

Depuis deux ans, tous les soirs, à neuf heures, je frappe avec ma plume, au fond de l'encrier, trois petits coups discrets.

*
**

Théâtre, mes amours, on vous adore — et l'on vous hait.

On vous insulte, on vous jalouse — on vous envie !

On vous condamne, on vous exècre — on vous désire !

On vous dénigre, on vous méprise — on vous préfère !

C'est si beau, le Théâtre — et un théâtre, c'est si beau !

Ç'a l'air d'un vieux bateau.

C'est l'intérieur de quelque vieille caravelle, avec ses mâts et ses cordages — avec ses passerelles et ses immenses toiles que l'on enroule et qu'on déroule — et qui ressemblent à des voiles — toiles de fond où l'on voit passer des nuages et qui sont perforées d'étoiles.

Et le trou du rideau, c'est un petit hublot par lequel on vient regarder si la salle n'est pas houleuse — car, d'un four on dira que la pièce a sombré.

Et nous avons aussi, nous autres, des vedettes — qui n'hésitent jamais à se mettre en avant.

Cabotage et cabotinage, dame ! ça se ressemble un peu — et bateleur et batelier, ça se ressemble aussi d'ailleurs.

Et nous avons la nostalgie, Public, de ce flot que vous êtes — qui revient tous les soirs, qui n'est jamais le même et qui garde pourtant toujours la même forme — et votre rire qui s'élève et qui grandit — et qui s'éteint tout doucement, rappelle un peu le bruit magnifique et charmant que font les vagues sur la grève.

6

N'AYANT pas eu d'enfant — je suis toujours un fils.

*

Si, lorsqu'ils prennent la parole, les idiots brusquement disaient le contraire de ce qu'ils allaient dire, ce serait ébouriffant.

Ils continueraient d'être des idiots — et ne diraient pourtant que des choses sensées.

*

Avez-vous observé tous vos amis — de dos ?
Ne le faites jamais.
Rarissimes sont ceux que vous rappelleriez.

*

Quand il lui prend la fantaisie d'écrire en prose, il faudrait à Paul Fort un dictionnaire spécial de mots qui ne riment pas.

**

Que de lettres l'on n'écrit que pour leur post-scriptum !

**

L'intelligence incite à la réflexion — et la réflexion conduit au scepticisme.

Le scepticisme, lui, vous mène à l'ironie.

L'ironie, à son tour, vous présente à l'esprit — qui se trouve en rapport direct avec l'humour — qui fait si bon ménage avec la fantaisie !

**

L'ironie.

C'est le scepticisme — très à son avantage.

Etre ironique, ce n'est pas seulement douter de la clairvoyance des autres — c'est mettre en doute aussi sa propre clairvoyance à l'égard du prochain.

Et, dès lors, l'ironie est le seul témoignage de modestie qui ne soit pas entaché de vanité.

**

L'esprit.

De même qu'une réflexion juste a plus de rayonnements qu'une grenade n'a d'éclats, un trait d'esprit a plus de pénétration qu'une balle de mitraillette.

Une époque, cela se raconte en quelques « mots ».

Méfions-nous !

L'humour.

Pour qu'une plaisanterie humoristique ait, si j'ose dire, son plein rendement, il convient que trois personnes soient en présence : celle qui la profère — celle qui la comprend — et celle à qui elle échappe. Le plaisir de celle qui la goûte étant décuplé par l'incompréhension de la tierce personne.

**

La fantaisie.

Les vertus sont impersonnelles — et la probité d'un coiffeur ressemble à s'y méprendre à celle d'un fruitier.

Il n'en va pas de même avec la fantaisie.

Celle d'Henri Monnier diffère essentiellement de celle d'Alphonse Allais.

Les vertus que nous pouvons avoir nous ont été prêtées — et nous devons les rendre intactes à notre mort. On les attend — pour les prêter à d'autres ensuite.

La fantaisie, elle, n'est pas un prêt, elle est un don. Elle est un sixième sens — qui, à l'image de nos autres sens, naît, vit et meurt avec nous.

Et : « Je te lègue ma fantaisie » — ne serait pas moins extravagant que : « Je te lègue mon odorat. »

Par un juste retour des choses d'ici-bas, le médecin s'est laissé tomber dans un fauteuil en disant à mi-voix :

— Mes malades me tuent !

Je conviendrais bien volontiers que les femmes nous sont supérieures — si cela pouvait les dissuader de se prétendre nos égales.

Que d'aventures qui m'arrivent et qui ressemblent à des comédies !

Que de sujets, journellement, m'apporte encore la vie !

Mais, dans la vie, hélas ! on ne fait pas tomber le rideau quand on veut.

Imitez vos défauts pour vous en corriger.

Vous buvez trop d'alcool ?

Faites semblant d'être ivre — et vous en boirez moins.

Vous êtes pointilleux ?

Froissez-vous sans raison aucune — et vous rirez.

Vous êtes coléreux ?

Simulez la colère — et vous verrez combien c'est bête la colère.

J'ai, depuis vingt années, cet homme à mon service — et sa fidélité fait l'admiration de tous ceux qui m'entourent.

Je n'y contredis pas — mais j'aimerais aussi qu'on admirât la mienne.

Lorsque votre moral se trouve être au plus bas, remontez le moral d'un moins heureux que vous.

Vous trouverez pour lui des arguments auxquels vous n'aviez pas songé pour vous — et dont vous ferez votre profit.

Au cinématographe, les sentiments, les mots et les gestes sont faux quand les arbres sont vrais.

Il ne faut pas s'en étonner.

Jouer la comédie, c'est mentir avec l'intention de tromper. Tout doit mentir autour de soi.

Le bon acteur doit dire mieux : « Je t'aime ! » — à une actrice qu'il n'aime pas, qu'à l'actrice qu'il aime. Il doit mieux donner au public l'impression qu'il mange en scène, s'il ne mange pas vraiment.

Le fin du fin, c'est paraître amoureux d'une actrice qu'on aime — et c'est manger d'un vrai poulet en faisant croire qu'il est en carton.

Il est des écrivains que l'on connaissait mal, sur lesquels on se jette, et qui vous ensorcellent — et qui, pendant un mois, vous dispensent des autres.

Ce sont ordinairement des écrivains de second ordre.

Les grands hommes, orgueilleux et distants, eux, n'ayant rien à redouter, vous adressent généreusement aux autres avec l'air de vous dire : « Allez et revenez ! »

*

Rodin.
Je croyais que l'on canonisait ceux qui avaient fait des miracles ?

*

J'aime tellement la langue française que je considère un peu comme une trahison le fait d'apprendre une langue étrangère.

Et puisqu'on dit communément qu'on ne sait pas un traître mot de telle ou telle langue, que ne dit-on d'un homme qu'il est train d'apprendre quelques traîtres mots d'allemand — par exemple.

*

C'est une erreur de croire qu'en parlant bas à l'oreille de quelqu'un qui travaille on le dérange moins.

Qu'il accède au pouvoir — je n'en serais pas surpris. Il a bien des atouts en effet dans son jeu,

136

et, même, il se pourrait qu'il devînt populaire — mais je doute qu'il ait jamais pour lui la minorité.

**
*

Que de gens ne se montrent bien élevés que parce qu'ils ont des domestiques !

Combien de « patrons » livrés à eux-mêmes doivent se conduire comme des mufles et s'empiffrer comme des porcs.

**
*

Il y a des tableaux qui sont beaux à crier.

*
**

Une bibliothèque où ne figurerait pas l'œuvre d'Anatole France serait boiteuse — et elle pencherait du mauvais côté.

*
**

Oh ! Je me doutais bien que quand on est dans le malheur, on ne peut guère compter sur ses amis intimes — mais je m'étais imaginé que l'on pouvait du moins tabler sur ses vrais ennemis.

Naïf, je me disais que ceux qui me détestent auraient la loyauté de prendre ma défense — dans leur propre intérêt, pour paraître équitables — et par ambition.

Mais ils ont préféré perdre tout leur crédit.

On ne peut décidément compter sur personne !

*
**

Remercions le Ciel que Voltaire et Rousseau se soient ainsi tenus éloignés l'un de l'autre.

C'est ce qui nous permet de les mettre en pendants.

*
**

Lorsque Monsieur Renan parvint au paradis, le Bon Dieu s'écria :

— Ah ! Que j'étais anxieux de vous voir !

— Eh bien ! et moi donc ! lui répondit l'auteur de la *Vie de Jésus*.

*
**

Dieu n'est pas, à mon sens, un sujet de conversation et ce n'est pas encore assez que de le prendre au sérieux.

Je tolère assez mal que, d'un air pénétré, les gens s'en entretiennent — et je préférerais que l'on en plaisantât.

Je n'admets pas qu'on en dispose — et que tout un chacun le mette à sa portée.

Je n'admettrai jamais qu'on se dise averti de ses desseins secrets, de ses ressentiments et de ses préférences.

Je n'aime pas qu'on s'en remette à lui du soin d'être vengé — ni qu'on l'accable de demandes saugrenues.

Je n'aime pas non plus qu'on mette à son actif la mort prématurée d'un oncle à héritage, une victoire militaire ou bien la guérison d'une albuminurie.

Je n'aime pas qu'on l'amadoue par des promesses — et que, par des offrandes, on ait l'air quelque peu de lui graisser la patte.

Enfin, je n'aime pas que l'homme en fasse un homme — à sa piètre mesure.

Quelque modestes que s'appliquent à paraître les croyants, je les trouve impudents — et maladroits d'ailleurs.

Leur maintien compassé, la feinte humilité de leurs regards fuyants, leurs propos abrégés, leur affectation, leurs mines entendues — toute leur attitude enfin laisserait à penser qu'ils sont en relations personnelles et suivies avec le Créateur — ce qui me semble excessif pour le moins.

Et je ne vois que les athées pour m'être plus antipathiques.

Ceux-là ne portent pas à rire.

La gravité maussade et froide avec laquelle ils parlent du Néant me rend l'idée de Dieu séduisante au possible.

Leurs arguments décolorés tombent à plat — et quand ils cherchent à convaincre, ils en sont pour leurs frais, car la démonstration qu'ils font de la non-existence de Dieu leur donne aussitôt l'air de nier l'évidence.

Ne pas croire en Dieu, c'est repousser une hypothèse ravissante.

Nier Dieu, c'est croire en soi — comme crédulité, je n'en vois pas de pire !

Nier Dieu, c'est se priver de l'unique intérêt que peut avoir la mort.

Et, pour tout dire enfin, l'athée n'est à mes yeux qu'un fanatique sans passion, sans haine, sans amour — sans ironie d'ailleurs — et, partant, sans excuse.

Et, s'il faut en conclure, que faut-il en conclure ?

Les témoignages accumulés de la présence au Ciel du Divin Créateur sont loin d'être probants. Mais, d'autre part — assurément — la « preuve du contraire » est inimaginable. Or donc, précisément, il n'en faut pas conclure. Il faut laisser à Dieu le bénéfice du doute.

Ce doute, dès l'enfance, on devrait le glisser dans nos âmes — et nous saurions dès lors en faire notre profit.

Rien au monde n'est plus obsédant que le doute. Aucune conviction n'a sa ténacité. Et quand il est ancré en nous, rien ne peut l'arracher.

Le bonheur et la joie, la fortune et l'amour, tout aussi bien que l'injustice et le malheur, nous y maintiendraient davantage — car douter de l'existence de Dieu, c'est douter plus encore de sa non-existence.

Quant à celui qui va mal faire, c'est dans ce doute seul qu'il peut s'en abstenir — puisqu'il n'est pas d'accommodements possibles avec le doute.

Et quant à moi, je doute en Dieu.

Et je me dis que, s'il existe, il doit être tellement intelligent, compréhensif, spirituel même, qu'il ne doit pas être surpris du sentiment d'incertitude qui m'anime à son égard — incertitude raisonnée qu'il a d'ailleurs tout le loisir de transformer en certitude à l'instant même.

La moindre apparition sera la bienvenue.

7

ON ne m'aime jamais sans me haïr un peu.

On ne me hait jamais sans un rien de tendresse.

**
*

Français, nous n'avons pas, nous, le sens de
l'humour, mais, grâce au Ciel, nous possédons le
sens du ridicule — et c'est ce qui nous sauve — à
la dernière minute.

**
*

Il y a des heures où l'on préfère à tout Jean-
Jacques — de même qu'il y a des minutes où rien
n'est plus délectable au monde qu'un peu d'eau
vive prise à sa source et qu'on porte à ses lèvres
au creux de ses mains jointes.

Il possède, en effet, l'inestimable don de
complaire à l'esprit comme on plaît à l'oreille —
et le prodige est tel que les mots qu'il emploie
sont agréables aux yeux.

Ma femme s'est remariée avec un emballeur.
Je suis le premier mari de la femme d'un emballeur.

*
**

Il est possible, en ce moment, que j'aie raison
— mais je me demande si c'est mon intérêt
d'avoir raison en ce moment.

*
**

Victor Hugo s'est contredit pour être sûr
d'avoir tout dit.

*
**

Nous disons volontiers que l'Avenir est à nous
— mais c'est faux.

Le Passé seul est vraiment nôtre.

Et il n'y a pas de Présent puisque chaque
instant qui s'écoule tombe dans le Passé.

Le Passé se nourrit des minutes présentes et
c'est ainsi qu'il nous absorbe.

Donc, ce n'est pas encore assez que de dire à
l'enfant :

— Songe à ton avenir.

Il faut lui dire encore :

— Prépare ton passé !

*
**

Musset a échappé à Sainte-Beuve — comme on
échappe à un accident.

Ce qui, probablement, fausse tout dans la vie, c'est qu'on est convaincu qu'on dit la vérité parce qu'on dit ce qu'on pense.

Est-ce qu'il n'y a pas au Panthéon plus de « coupables » que de juges ?

Suspendre Segonzac !
Mais c'est au mur, messieurs, qu'on suspend Segonzac !

Merci, gendarme paternel, merci, gendarme avec pitié, qui, me considérant comme un petit enfant, m'avez dit ce jour-là :
— Donnez-moi vos menottes.

Tant d'épreuves — pourquoi !
Je suis incorrigible.

Et même enfin j'admire que, cessant d'être un point de mire, on puisse devenir aussi vite une cible.

***

Sois de ton temps, jeune homme — car on n'est pas de tous les temps, si l'on n'a pas d'abord été de son époque.

***

— Quel dommage que vous n'ayez pas un fils !

A cette phrase, à ce regret que l'on m'a si souvent exprimé, je réponds aujourd'hui :

— Ç'aurait fait trois Guitry. J'ai eu pitié de mes confrères.

***

Rastelli, le jongleur — avec ses deux mains droites.

***

Je fonderais bien un parti — n'était la crainte de voir des gens s'y affilier.

***

La littérature hermétique.

C'est ce que j'en saisis justement qui m'échappe.

***

On peut être hermétique et ne rien renfermer.

Il y a des portes sans issue — et il y a même de fausses portes.

146

Aimez la chose à double sens — mais assurez-vous bien d'abord qu'elle ait un sens.

Certes, ce n'est pas une raison parce que vous ne comprenez pas pour que cela ne signifie rien — mais ce n'est pas une raison non plus pour que cela signifie quelque chose.

Quand on vous assure :
— C'est profond.
Répliquez donc :
— C'est creux, peut-être.
Et quand une œuvre d'art vous donne le vertige, souvenez-vous que ce qui donne le mieux encore le vertige, c'est le vide.

Personne autour de moi, jamais, ne s'est rendu compte à quel point j'aurais pu être malheureux si je l'avais voulu.

Vous me jugez sur mes réponses ?
Si vous croyez que je ne vous juge pas sur vos questions !

Revendiquons le droit de plaisanter sur tout — mais ne plaisantons pas avec l'esprit : c'est trop sérieux.
Car, en regardant de près les choses, *Tartuffe*, c'est autrement sévère que *Cinna* — *Candide*,

c'est très grave — et Bernard Shaw, pourtant, c'est plus sérieux qu'Ibsen !

*
**

Il n'y a qu'une forme de haine qui soit sincère et qui soit vraie, qui soit avouable et qui soit propre — elle a pour nom : le mépris.

On peut venger quelqu'un — mais se venger, soi, non.

Non, non — n'être jamais parmi ceux qui haïssent.

Tâcher d'être plutôt parmi ceux que l'on hait — on y est en meilleure compagnie.

*
**

Au choix : mort violente — ou pas violente ? Elle est pour moi toujours violente — car mourir, je trouve ça violent !

*
**

Les chiffres sont éloquents — et il devrait y avoir un ministère de la Reconnaissance nationale dont le numéro de téléphone serait : Invalides 14-18.

*
**

— Quoi de nouveau ?
— Molière.

*
**

148

Avoir à soi un être humain, tout lui donner — lui donner tout : l'amour des Arts, de la Nature et de la Vie — faire enfin son bonheur, et l'entendre un beau soir crier : « Je suis heureuse ! » — c'était cela mon rêve — et n'en ai pas eu d'autre.

Il est neuf heures, je travaille — et le repas du soir est servi déjà depuis vingt minutes — et la pendule, sans arrêt, me conseille : « Dîne donc, dîne donc, dîne donc... »

DÉDICACE

Ce singulier ouvrage
où j'ai mis le meilleur de moi-même
et le pire,
je le dédie à mes amis.

Et puisque, par bonheur,
j'ai deux sortes d'amis :
les meilleurs et les pires,
je dédie le meilleur de moi-même
aux meilleurs,
et le pire de moi,
je le dédie aux autres.

A ma libération, j'avais précisément dressé la double liste des « fidèles » et des « traîtres ».

Or, j'observai bientôt que l'une piétinait, tandis que l'autre allait s'allongeant tous les jours.

Celle qui s'allongeait, qui s'imposait à moi, formelle, concluante, était celle des traîtres. Et, devant leur nombre accablant, il m'apparut alors que l'ingratitude et la peur étaient des sentiments on ne peut plus normaux.

A telle enseigne que j'en arrivais même à considérer ceux qui m'étaient restés fidèles comme des espèces de monstres dont je ferais peut-être bien de me méfier à l'avenir.

C'était aller trop loin.

Mais, aussi bien, c'était leur faute !

Pourquoi m'être restés fidèles — quand les autres me trahissaient ?

Si tous encore m'avaient trahi, j'aurais compris.

Mais — franchement — pourquoi ceux-ci et pas les autres ?

Ou bien alors : pourquoi les autres — et pas ceux-ci ?

Ils auraient dû se mettre d'accord !

J'en étais là de mes pensées — lorsque la vérité soudain m'est apparue.

Que mes amis que j'ai perdus soient indulgents, qu'ils me pardonnent — j'ai compris.
Moi qui les accusais — j'en ai honte à présent ! — car le pacte, en effet, c'est moi qui l'ai rompu.
Notre amitié s'était fondée sur mon bonheur, sur cette chance inouïe qui me favorisait depuis quarante années — quand ils ont eu le sentiment que mon bonheur pliait bagages et que ma chance était au diable, il est juste après tout qu'ils m'aient tourné le dos.

Pour eux, la comédie était jouée — rideau !

Mais que penser de vous, alors, « monstres » qui m'êtes restés fidèles — et que je porte dans mon cœur ?

Qui vous retient ?
Qu'attendez-vous ?

Nous avions cependant signé le même pacte.
Vous n'estimez donc pas qu'il est rompu ?
Pourquoi ?

Pour vous, la comédie n'est pas finie encore —?

Eh ! Eh !
Qui sait ?

Ce n'est peut-être qu'un entracte...

Achevé d'imprimer en juillet 1985
sur les presses de l'Imprimerie Bussière
à Saint-Amand (Cher)

PRESSES POCKET – 8, rue Garancière – 75006 Paris.
Tél. : 634-12-80.

— N° d'édit. 2126. — N° d'imp. 1454. —
Dépôt légal : août 1985.
Imprimé en France